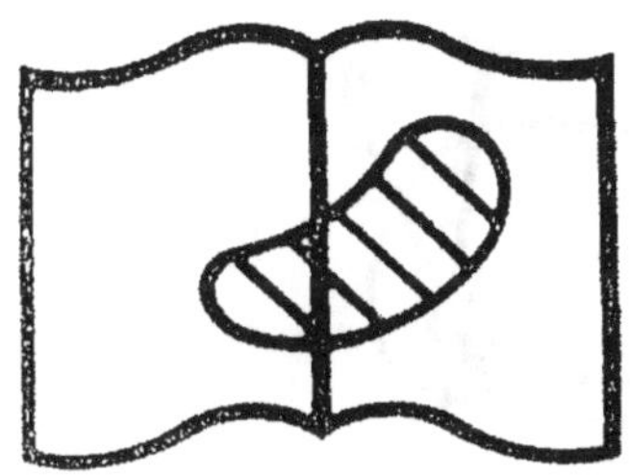

Illisibilité partielle

Couverture inférieure manquante

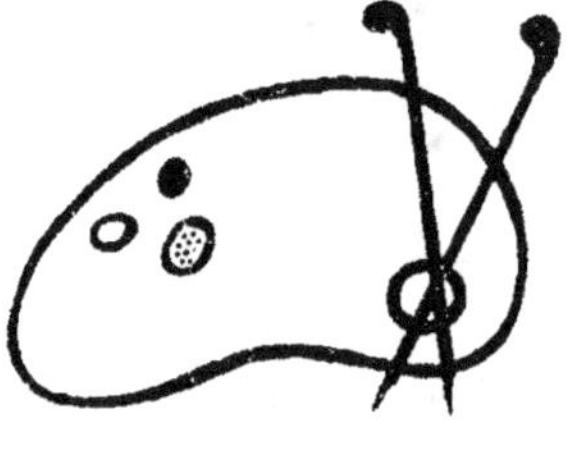

Original en couleur

NF Z 43-120-B

A Monsieur Léopold Delisle,
membre de l'Institut,
affectueux hommage
Ph. Tamizey de Larroque

LETTRES DE BENJAMIN PRIOLO [1]

PUBLIÉES PAR M. TAMIZEY DE LARROQUE.

I.

A SON ÉMINENCE [LE CARDINAL MAZARIN].

A Paris, ce 12 juin 1656.

Monseigneur, j'ay tousjours tasché de donner des preuves de mon zèle et de ma fidélité à V. E. On m'a tousjours noirci

---

1. Benjamin Priolo ou Priuli, qui prétendait descendre d'Antonio Priuli, doge de Venise, naquit à Saint-Jean-d'Angély, le 1er janvier 1602, et mourut à Lyon, d'une attaque d'apoplexie, en 1667. Il étudia successivement à Orthez, à Montauban, à Leyde, ville où il eut Heinsius et Vossius pour professeurs, à Padoue, où il suivit les leçons de Crémonin et de Licetus. Il s'attacha bientôt au duc de Rohan, dont il fut le dévoué chargé d'affaires, le *confident ami*. Après la mort du grand capitaine (avril 1638), il se retira à Genève, s'y maria, entra dans la maison du duc de Longueville, qui devint pour lui un non moins généreux protecteur que le duc de Rohan, abjura le protestantisme en 1648, selon les uns, en 1649, selon les autres, avec toute sa famille, fut obligé de se retirer en Flandre pour avoir pris le parti de la Fronde revint à Paris, où il composa, en latin, une histoire de France, depuis la mort de Louis XIII jusqu'à l'année 1669 : *Ab excessu Ludovici XIII de rebus Gallicis historiarum libri XII* (Paris, Léonard, 1665, in-4°), souvent réimprimée, et dont la meilleure édition est celle de Leipsick (1686). Voir sur Priolo un livre spécial de Jean Rhodius : *De vita Benjamini Prioli* (Padoue, 1662), le *Dictionnaire critique* de Bayle, les *Mémoires* du P. Niceron (t. XXXIX, p. 298-

T. DE L.   *

auprès d'elle, devant laquelle je n'ay jamais peu me présenter pour me justifier. Je me jette à ses pieds par ceste lettre pour la supplier très h[umblement] de me deigner regarder d'un œuil de pitié, affin que je ne sois pas seul en ce royaume qui n'aye esprouvé sa clémence [1]. M. Ondedei [2] m'a promis de représenter à V. E. le désir que j'ay de servir où elle me jugera capable. Je supplie très h[umblement] V. E. de me deigner amployer affin que je ne passe pas ma vie dans l'oisiveté et

---

311), le *Moréri* de 1759, la *Biographie universelle* (article de M. Weiss), la *Biographie Saintongeaise*, de P. Rainguet (1851, grand in-8°, p. 471-472), la *France protestante* (t. VIII, article *Prioleau*, p. 333), le *Dictionnaire historique de la France*, de M. Lud. Lalanne, p. 1501, etc. Il est encore question de Priolo dans les *Lettres* de Guy Patin, dans celles du cardinal de Richelieu (édition de M. Avenel), dans le *Sorberiana*, dans les *Mémoires* de l'abbé de Marolles (au *Dénombrement*), dans l'*Histoire critique des journaux*, par Camusat, et dans quelques autres livres que nous aurons l'occasion de citer çà et là.

Les lettres que l'on va lire, toutes autographes, sont conservées à la Bibliothèque nationale, dans le volume 175 de la collection dite des *Armoires de Baluze*, aux f°ˢ 129-199. Voici le titre trompeur qui leur a été donné (f° 129) par une main de la fin du xviii° siècle : *Lettres de M. Priolo à M. le cardinal Mazarin et à M. Colbert depuis l'an 1656 jusques en 1664, relatives à une histoire latine du règne de Louis XIII* (sic) *et qui devoit probablement s'étendre jusqu'aux temps de l'administration du cardinal Mazarin, et dont les matériaux lui étaient fournis par le gouvernement de France.* M. Léon de Laborde (*Le palais Mazarin*, p. 128, *Notes*) a commis une erreur en sens contraire en attribuant à Priolo une « Vie de Mazarin », dont les fragments en forme de lettres se retrouvent dans les papiers de Colbert (*Arm.* VI, paquet i, n°ˢ 1, 2, 3), et ont sans doute été les garants de la pension qui lui fut payée. » Dans cette prétendue *Vie de Mazarin* comment M. de Laborde n'a-t-il pas reconnu l'*Ab excessu* ?

1. Je citerais sur les relations entre Mazarin et Priolo les *Mémoires* de Louis-Henri de Loménie, comte de Brienne, publiés par M. F. Barrière (t. II, p. 1-7), si le récit, qui est très-piquant, ne me paraissait encore plus suspect que piquant. En 1648, le cardinal avait eu des entretiens intimes avec Priolo, qui lui livra plus d'un secret. Voir ce que M. Léon de Laborde extrait, à cet égard, des carnets de Mazarin (p. 160 des Notes de l'ouvrage déjà cité).

2. Giuseppe Zongo Ondedei, l'un des agents les plus zélés de Mazarin, devint évêque de Fréjus en 1654, et mourut dans son palais épiscopal en juillet 1674.

que je la finisse en l'honneur de vostre service, Monseigneur,
de V. E., très-humble, très-fidel et très-obéissant serviteur.

PRIOLO [1].

II.

[A COLBERT [2].]

A Paris, ce 4 juin [1661].

Monsieur, puisqu'il vous a pleu m'ordonner de vous rendre
compte de temps en temps de mon travail, je prends la liberté
de vous envoyer icy l'entrée de M. le prince [3] en France tirée
de mon cinquiesme et dernier livre [4] et vous supplie de la
deigner lire. Luy l'a veue et approuvée. Ce que vous avés veu
de mon premier livre est fort bref, mais il doibt estre ainsi
parce que ne traictant point de Louis XIII que pour entrer en
matière, je ne doibs pas m'estendre davantage, comme Tacite
en deux pages traicte ce qu'il appelle *extrema Augusti*, pour
passer à Tibère, qui est l'argument principal de ses *Annales*.
Je vous confesse que mon génie me porte à la brièveté, et j'es-
time que ce n'est pas peu d'estre clair et bref. Je tiens qu'un
grand livre est un grand mal [5]. Vous voyés de petites per-

---

1. Folio 130.

2. Jean-Baptiste Colbert était alors « conseiller du roy en son conseil d'estat
et intendant des finances. En cour » comme il est désigné dans la suscription
de la lettre suivante.

3. Louis de Bourbon, prince de Condé, était parti de Bruxelles le 29 décembre 1654, et était arrivé au château de Coulommiers, chez le duc de Longueville, son beau-frère, le 5 janvier 1660.

4. Priolo ne songeait en ce moment à publi-, que cinq livres de son histoire,
et il annonça son projet en intitulant ainsi un premier livre qui parut en
cette même année 1662 : *Ab excessu Ludovici XIII ad sanctionem pacis
historiarum libri quinque, hoc est ab anno 1643 ad annum 1659* (Paris,
Cramoisy, in-4°).

5. C'est le joli mot, si souvent répété, du grammairien Callimaque.

sonnes se rehausser par des souliers; ainsi ceux qui ont peu
de fonds se dilatent en paroles. Néantmoins je m'estendray
où il le faudra et feray de la façon que vous me l'ordonnerés.
Mais ce n'est pas la grosseur du volume qui donnera pris à
l'ouvrage. Vous voiés Tacite, qui est si petit et contient tant
de choses. Voyés Salluste, qui est si bref, et cependant c'est
le prince des historiens.

Voilà pour ce regard. Quant au reste, j'attendray vos commandemans, et quand vous ne me jugeriés pas capable de vous
servir par cest ouvrage, je vous supplie, Monsieur, que cela
n'empesche pas que je ne sente les effects de vostre protection
aussi puissante qu'elle me peut estre utile. Je vous le demande
avec mes très-h[umbles] prières. Vous pouvés sauver une
très-noble famille [1] du naufrage et faire une œuvre méritoire
envers Dieu en me procurant d'une façon ou d'autre les moyens
de me soustenir, ne pouvant plus subsister du tout si vous
m'abbandonés [2]. Croyés, Monsieur, que c'est l'extrémité qui
me contreint d'user de tels termes. J'attendray et vos ordres
et vos assistances comme vostre créature, Monsieur, très-
humble, très-fidel et très-obeyssant serviteur. PRIOLO.

Je vous envoye icy une lettre que M. de Lionne m'escript,
par où vous verrés l'estat de mes affaires [3]. On me pleint, mais
on ne me secourt pas.

---

1. Priolo, comme le rappelle Bayle, « descendait des Priuli, on Prioli, maison
illustre qui a donné quelques doges à la république de Venise. » Le savant critique a réuni (Remarque A) divers témoignages relatifs à la noblesse de la
famille Priolo, et il n'a pas oublié de citer un passage de Priolo lui-même, où
il salue sa ville natale (*Lib.*, VI, n° 38) : « Hic aerem primum hausi. Hæc
terra, mihi atavis Venetis, iis que illustribus, nescio quo casu, primum tacta. »

2. L'auteur des *Mémoires* de Brienne appelle Priolo (t. II, p. 2) « l'auteur
le plus pauvre sans contredit de son temps, mais en récompense le plus adroit
et qui venait le mieux à ses fins. »

3. Voici cette lettre (f° 134) : « A Fontainebleau, le 28ᵉ may 1661. Je pré-
suppose que M. de Brienne vous aura fait sçavoir le concert que nous avons fait
ensemble pour vous servir au payement de vostre pension ordinaire de deux
mille francs. Je suis obligé de vous tesmoigner qu'il s'y porté avec grand zèle,

III.

AU MÊME.

A Paris, ce 6 juin [1661].

Monsieur, je viens de recevoir celle dont il vous a pleu m'honorer, qui m'a beaucoup consolé par les nouvelles asseurances que j'y voy du support que j'attends de vous seul. J'ay remarqué dans le cours de ma vie qu'il n'y a rien sur quoy on puisse appuyer un fondement certain que sur l'interest que chacun trouve en une affaire. On manque souvent à la foy, mais nul ne manque jamais à son intérest, ny les plus fourbes, ny les plus simples. Or le mien se trouve entièrement à entreprendre ce que vous sçavés. J'y trouve l'appuy de ma famille, que j'ayme tendrement avec grand subject [1]. J'y trouve la tranquillité et le repos honneste hors des soins qu'il faut que j'aye chaque jour pour mon domestique, qui est le contrepoids qui tire en bas mon esprit, et les espines qui estouffent tout ce qui germe de plus relevé en mon âme. Outre tout cela, qui est bien fort sur un homme incommodé, il y a l'honneur de faire un ouvrage de si grand esclat et qui m'entourrera de gloire

et je crois qu'il vous aura rendu le mesme tesmoignage de moy. Envoyez-nous un placet au roy de vostre façon pour nous donner plus d'occasion d'en parler et de pousser la chose. Cependant soyez, je vous prie, asseuré que je suis plus touché que je ne puis vous l'exprimer de l'estat où sont les affaires d'un aussi galant homme que vous, et qu'en tout ce qui pourra dépendre de moy pour leur faire prendre une meilleure face, je m'y porteray comme si c'estoient mes propres intérests, voire avec plus de chaleur, &. » Le billet est adressé : « A M. M. Prioleau, derrière Saint-Joseph de la rue Montmartre. »

1. Priolo avait épousé, pendant son séjour à Genève, Élisabeth Michaeli, qui appartenait, selon Bayle, traducteur, en cet endroit, de Joannes Rhodins, à une « très-noble famille. » Élisabeth ne donna pas moins de sept enfants à son mari. On trouvera bien des renseignements sur eux dans la *Remarque H* de l'excellent article de Bayle.

pour jamais [1] ; car bien que de moy mesme je puisse faire une histoire de réputation asseurément, je vous confesse que sans les mémoires que vous seul me pouvés donner, elle ne peut estre que très-imparfaicte, et tout ce que je peus attendre, c'est qu'on dira : *Voilà un beau stile* [2]. *Il y a un genre historique en tout l'ouvrage, mais les mémoires luy ont manqué.* Au lieu que si je les ay par vous, je suis muni de tout, car je diray hardiment que je me sens assés fort pour fournir une telle carrière. Je me suis bien examiné, et je suis certain que mon stile respondra à la grandeur du subject. Mais, pour ne vous tromper point, je feray le premier livre suivant vos mémoires, et qu'on le publie et qu'on entende les jugemens de toute l'Europe. S'ils sont favorables, on continuera. S'ils ne le sont pas, vous n'hazardés rien, c'est moy qui risque ma réputation. Je pourrois faire imprimer ce que j'ay déjà faict, mais comme je ne pardonne à personne, je m'attireray le courroux de beaucoup de gens qualifiés, et si j'oste ce sel et ce vinaigre, l'ouvrage n'aura plus de grâce [3]. Voilà ce qui me donne de la

1. Phrase qui fait sourire, quand on pense à l'oubli dans lequel est tombé, depuis longtemps, le livre de Priolo.

2. Le duc de Saint-Simon (*Mémoires*, t. I, p. 42 de l'édition de 1856) déclare que « l'extrême élégance » de l'histoire écrite par Priolo en « est la moindre partie. » D'autres juges ont été moins favorables que Saint-Simon au style de Priolo, notamment Wiquefort (au livre I de l'*Ambassadeur*) et Morhof (au livre I de son *Polyhistor*, ch. XVI). Voir la *Bibliothèque historique de la France* (t. II, p. 571, n° 23,862).

3. Ce *sel* et ce *vinaigre* ont été particulièrement agréables à Saint-Simon, ce qui n'étonnera personne. On voit dans cet ouvrage, dit de Priolo (t. I, p. 42), le plus mordant de tous les chroniqueurs, « qu'il avoit une pénétration profonde, une grande probité, et l'amour de la vérité ; et l'exactitude à la transmettre s'y fait sentir partout, jusque dans les choses les moins avantageuses, et qu'il auroit pu cacher des fautes et des foiblesses des personnes à qui il estoit attaché. » Bayle est à peu près aussi enthousiaste que Saint-Simon, assurant que Priolo composa son livre « avec une liberté fort éloignée de la flatterie. » On remarquera pourtant, un peu plus loin, que l'indépendant Priolo fit, au sujet de Mazarin, de larges concessions à Colbert, jaloux de voir briller du plus pur éclat, dans les pages du nouvel historien, la gloire de son ancien protec-

pene. Il faut cercher quelque tempérament qui est de voir
diverses pièces par cy par là comme celle que je vous ay
envoyée de M. le prince; il n'y a personne d'offensé. Je cherche
un homme qui escrive bien le latin et le feray descrire pour
vous envoyer ce que vous désirés, et commenceray par le
premier livre qui ne mesdit point, car c'est un plan des affaires. Cela est fort bref, et le doibt estre ainsi parce que cela
se void de loin, comme les peintres dans leur paisages font
plus gros ce qui se void de près, et petit ce qui se void de
loin.

Mais, Monsieur, je vous supplie que ma brièveté ne vous
desplaise point; car je m'estenderay tant qu'il me [1] plaira, bien
que j'encline à la brièveté, que mon maistre Tacite [2] m'a ap-
pris et où ma pente me porte. Nonobstant cela, puisque c'est
pour vous que l'ouvrage se compose, je m'accommoderay à
vostre sens, qui est très-exquis, et au lieu de Tacite, je peus
imiter Tite Live. Quelcun a dict de moy que mon stile estoit
mitoyen entre ces deux-là, et M. Heinsius [3] m'escript de Ley-

---

teur. Priolo, lui aussi, est un de ces *irréconciliables* qui savent, au moment
opportun, se montrer aussi souples et aussi accommodants que l'exigent les
circonstances.

1. *Sic.* Il faut lire, ce me semble, tant qu'il *vous* plaira.

2. Priolo avait une sorte de culte pour Tite Live, et l'on raconte que, désespérant
de pouvoir l'imiter, il s'était décidé à prendre Tacite pour modèle (Voir la remarque *L* de l'article de Bayle). Plusieurs critiques ont amèrement reproché à Priolo
d'avoir été le singe du plus concis et du plus pittoresque de tous les historiens
romains. Wiquefort notamment l'accuse d'avoir tantôt estropié Tacite, tantôt
de l'avoir trop fidèlement imité dans ce qu'il a de mauvais. Priolo avoue lui-
mème qu'il a transporté dans son histoire bon nombre de pages entières de
Tacite : *Crudas ejus paginas in opus meum propello (Ad lectorem, in
limine historiæ)*. C'est en ce même endroit que Priolo prétend avoir dicté
tout son livre en se promenant dans sa chambre, et sans qu'il y eût la moindre
rature d'un bout à l'autre du manuscrit. Bayle, dont le scepticisme est cette
fois excusable, ne peut s'empêcher de dire d'un ton railleur, après avoir rap-
porté cette vantardise : « Cela est bien extraordinaire. »

3. Nicolas Heinsius, fils de l'ancien professeur de Priolo, Daniel Heinsius,
était alors âgé de quarante-deux ans.

den ces propres mots : *Tu instar chameleontis solus potes in quemlibet scriptorem te transfigurare. Omne genus rerum tibi scribitur.*

Pour conclusion, Monsieur, je vous puis asseurer que la chose ira bien, et qu'on fera un ouvrage digne de la matière et de vostre gratitude, et que vous n'alambiquerés [1] point en espérances vaines vostre despense. Et si je n'estois bien certain de mes forces, je ne l'entreprendrois pas. Quand tout cela ne vous touchera point, je vous supplie tousjours d'estre touché de compassion envers ceste famille. Je ne vous ay point envoyé la lettre de M. de Lionne pour en tirer vanité, mais pour vous porter à pitié veu l'estat qu'il représente de mes affaires. Voilà le vray motif qui me l'a fait envoyer.

Je suis asseuré d'estre fort bien traicté en Angleterre, mais ce ne sera que l'extrémité qui m'y réduira. Je finis par ces mots, je

Non opus est verbis, spectemus agenda.

Et en cela :

Munera promissis uberiora feres.

Toute cette lettre est escripte avec la dernière sinsérité et ouverture de cœur. Je vous promets d'exsecuter tout cela de bonne foy comme estant avec tout respect, Monsieur, vostre très-humble, très-fidel et très-obéissant serviteur.

PRIOLO [2].

(1) Allusion aux inutiles recherches des alchimistes. L'expression employée par Priolo mériterait d'être recueillie à côté de celles qui (sous les mots *alambic et alambiquer* du *Dictionnaire de la langue française*) ont été empruntées par M. Littré à Balzac, à Bossuet, à Saint-Simon, etc. — (2. Folio 136.)

IV.

AU MÊME.

A Paris, ce 6 juin [1661].

Monsieur, M. de Brienne [1] me mande que le roy luy-mesme
a ordonné qu'on me baillast deux mille livres présentement,

---

1. On trouve (f° 142) un billet du comte de Brienne daté de Fontainebleau
31 mai 1661 : « A monsieur, monsieur Priolot, conseiller du roy, rue du Mail,
à Paris, » billet que voici : « Monsieur, j'ay parlé ce matin dans le conseil au
roy de vostre ordonnance. Si vous me la renvoyez avec un blanc signé de mil
francs, j'auray soin de vous retirer mil francs comptans, et un billet de l'épargne de mil autres livres; ou si vous aimez mieux venir vous-mesme faire vostre affaire, je seray ravy de pouvoir vous tenir icy, affin de jouir de vostre
conversation. Cependent je laisse le tout à vostre disposition et vous asseure
que je suis, Monsieur, [de la main de Brienne] vostre très-humble et très-
affectionné serviteur et véritable amy. BRIENNE.
« Vous avés bien de l'obligation à M. de Lienne. Remerciés-l'en. »
Ce billet est précédé (f° 140) d'une lettre de M. Dautiège (probablement un
secrétaire du comte de Brienne), lettre presque désespérante : « A Fontainebleau, ce 3ᵉ de juin. — Monsieur, l'indisposition, dont monseigneur le comte
est travaillé depuis quelques jours, l'ayant obligé de prendre médecine aujour-
d'hui, il n'a pu aller porter à M. le surintendant vostre ordonnance pour la
faire viser et payer. C'est pourquoy il m'a chargé d'un billet pour M. Fouquet,
lequel je luy ay rendu; mais tout ce que j'en ay pu avoir a esté que je remisse
l'ordonnance et le billet de mondit seigneur entre les mains de M. de L'Espine,
son commis, ce que j'ay faict... Vous ne devés pas vous estonner, Monsieur, de
ce que la chose n'a pas eu un meilleur succès : car cela ne se pouvoit pas
autrement, à cause qu'on ne faict de grâce à personne... » Ces deux documents
qui prouvent une fois de plus combien il était difficile, même avec les meil-
leures protections, de toucher, en l'an de grâce 1661, l'argent du trésor, sont
suivis (f° 143) de fragments du livre Iᵉʳ de l'histoire de la Régence, fragments
qui s'étendent jusqu'au folio 153. Priolo joint à cette copie ces quatre mots
d'envoi : « J'ay descript cecy à la haste du milieu de mon Iᵉʳ livre, affin qu'il
ne se passe point de paquet sans y envelopper quelque pièce. Il suit, après,
la description du parlement, du clergé, des gouverneurs, des provinces, des
armées, de la ville de Paris, etc. Je devois attendre de faire bien descrire
[c'est-à-dire *transcrire*] tout par une bonne main; mais j'ay remarqué que

T. DE L.

à sçavoir : mille en un billet de l'espargne et aultres mille en comptant, et que pour cest effect j'envoyasse mon blanc signé et l'ordonnance que j'ay de deux mille francs, ce que j'ay faict, mais pour tout cela, l'argent ne vient point, et le commis de M. de Brienne m'escript la lettre cy-jointe. Je suis asseuré qu'une seule parole de vostre part finira tout cela. Je vous en supplie très-humblement et, s'il se peut, qu'au lieu du billet de l'espargne on me donne de l'argent! Ce n'est que deux mille livres en tout, qui est peu de chose, et pour moy, veu mon besoin, c'est beaucoup. J'ay creu que, sans vous, cela tirera de longue, et cependant *Sagontus perit*. Je vous demande très-humble pardon, mais la nécessité m'y oblige. Je n'ay ny debte ny procès et n'ay besoin que du courant, qui est peu. Monsieur, vostre très-humble, très-fidel et très-obéissant serviteur. PRIOLO [1].

V.

AU MÊME.

A Paris, ce 13 juin [1661.]

Monsieur, je ne puis assés vous tesmoigner ma reconnoissance. Vous avés voulu commencer par où à pene les aultres finissent. Je vous asseure, Monsieur, que vous connoistrés par mon application continuelle le désir que j'ay de vous bien servir. J'ay trouvé aujourdhuy seulement un homme que je croy propre à bien escrire en latin. Je ne manqueray toutes

vous désirés avoir tousjours quelque lambeau. Ainsi je vous supplie me pardonner si cecy est mal poli. *Non displicuisse meretur, festinat semper qui placuisse tibi.* Je veux faire bien descrire [c'est-à-dire *copier*] tout le Ier livre affin que vous le puissiés bien considérer. Vous en avés veu quelque chose du commencement. Cecy n'est que pour faire voir le stile dans lequel on enchassera de belles choses quand on les sçaura. J'ay fait cecy pour monstre. »

1. Folio 444.

les semaines de vous envoyer quelque pièce de chaque livre ;
mais j'espère que ce que je feray sur de bons mémoires sera
toute aultre chose, comme je n'ay rien plus à ceur que de
vous satisfaire, et je va amployer tout mon temps pour cela
avec la dernière sinsérité. Il n'y a plus en moy aucune trace
du passé. La droiture a occupé toute la place de l'obli-
quité dont il a falu de toute nécessité se servir durant ceste
nuict de nos calamités. Un homme sage voulant faire un vais-
seau pour résister aux vagues de la mer, ne le fera jamais de
bois droit, mais de tortu, propre à plier durant l'orage. Le
mesme homme qui voudra bastir une maison dans le port
n'amployera que du bois droit convenable à un domicile de
terre ferme; de mesme je puis dire que, m'estant trouvé exposé
à diverses tempestes, je puis bien avoir amployé du bois tortu,
mais à présent que j'espère estre au port, par vostre protection, je vous asseure, Monsieur, que je ne me serviray plus
que de bois droit. Je vous le promets avec une entière fidélité, comme estant avec tout respect, Monsieur, vostre très-
humble, très-fidel et très-obéissant serviteur. PRIOLO.

J'ay reçeu les 1,500 livres de M. Marin qu'il vous a pleu de
me faire toucher, dont je vous rends tres h[umbles] grâces [1].

VI.

AU MÊME.

A Paris, ce 14 juin [1661].

Monsieur, aussitost que j'ay trouvé un escrivain passable, je
me suis mis à l'amployer et ay commencé par la dédicatoire
à la Rép[ublique] de Venise [2], et que S. E. a approuvé. Je vous

---

1. Folio 146.
2. Cette épitre dédicatoire n'a pas moins de vingt et une pages dans l'édition
de 1665. Priolo y parle avec chaleur de la terre natale de ses ancètres :

l'envoye et vous supplie h[umblement] de la deigner lire, et
la lettre au sénateur Nani [1], auquel je l'ay addressée pour la
rendre au prince, et j'y ay adjousté les vers que je fis pour la
paix à l'honneur de S. E., qui doivent estre mis au bas de
l'ouvrage. Ceste dédicace est un peu longue, mais c'est un
panégyric à la gloire de ceste Rép[ublique], qui le mérite. Je
continueray de vous envoyer d'autres pièces plus considérables. Vostre, etc.

PRIOLO [2].

VII.

AU MÊME.

A Paris, ce 18 juin [1661].

Monsieur, je ne vous envoye pas ce que vous désirés, je le
connois bien. Je m'en va exprès à Fontaynebleau pour cela.
Je retireray mes pièces d'où je les ay mises, et vous les mettray
en main propre pour les garder. Que c'est grand pitié que
d'avoir besoin, et que ne fait-on point pour sortir de nécessité?
C'est ce qui m'a fait me dessaisir de ces papiers. C'est pour
obliger des personnes desquelles j'avois à faire, et à ceste
heure, pour les ravoir, il faut user de dextérité, et il faut ma

---

« O patria! o vasti pelagi dominatrix! Agnosce tuum civem, vel solo nomine
Prioli, tibi dilectum. » L'épitre se termine par ce vœu : « Sed floreat impe-
rium tuum sine fine. » La pièce est ainsi datée : « Datum Lutetiæ, ipsis calend.
Jan. 1665. »

1. Est-ce Jean-Baptiste-Félix-Gaspar Nani, l'ambassadeur de la sérénissime
république auprès du roi de la France et auprès de l'empereur, l'historiographe
et archiviste de Venise, le bibliothécaire de Saint-Marc, l'auteur de l'*Istoria
della republica veneta*? Nani, à qui, en 1664, fut conférée la dignité de
procurateur de Saint-Marc, la première après celle de doge, avait alors qua-
rante-cinq ans.

2. Folio 154.

présence pour cela. C'est la vraye vérité [1], comme vous le
connoistrés bien tost.

Au reste, je suis tout à fait résolu de faire tout ce que vous
pouvés désirer de moy. Mais je vous supplie humb[lement] de
me laisser faire, c'est-à-dire que j'aye ma liberté toute entière
et que je n'aye point à faire un éloge, un panégyric ou une
oraison funèbre. Que je fasse voir les actions adroitement
descriptes et fortement représentées. Davila estoit passionné
pour le duc de Parme, et jamais il ne le loue; mais fait voir
si clairement que c'estoit un grand personage, que toute la
postérité l'admire par la seule relation de Davila [2]. Voilà comme
il en faut user et ne tumber point en de viles exagérations,
qui seroit siflées et moy aussy. Je tourneray l'affaire de telle
fasson qu'elle sera à la gloire de qui l'a méritée. Je suis per-
suadé qu'en usant de la sorte, je dis la vérité. C'est beaucoup,
car certainement ça esté un très-grand homme.

Pour mon petit ouvrage, il sera bien reçeu à cause du stile.
Du reste, ce n'est rien qu'un essay pour faire voir ce que je
puis faire. Il est fait et sera fait comme ce galion de Délos, qui
se pouvoit mettre en mer en deux heures, et cependant on ne
voyoit rien d'appareillé.

Je seray lundi à Fontaynebleau, où j'espère de vous rendre
content. Cependant, je ne puis assés vous remercier de vostre
billet [3].

---

1. Priolo ne serait-il pas l'inventeur de cette singulière formule? Je ne la
retrouve dans aucun écrivain qui lui soit antérieur et même dans aucun écrivain de son siècle. M. Littré n'a cité, pour l'emploi de cette phrase, que Beau-
marchais, en ce dialogue du *Mariage de Figaro* : « Ma vérité la plus vraie.
— Fi donc, vilain! En a-t-on plusieurs? »

2. Davila, mort en 1631, publia (Venise, 1630, in-4°) son *Historia delle
guerre civili de Francia*, dont une magnifique édition parut à Paris en 1644
(Imprimerie royale, in-f°).

3. Folio 156.

VIII.

AU MÊME.

A Paris, ce 23 juin [1661].

Monsieur, j'espérois partir lundi passé pour avoir l'honneur
de me rendre près de vous et recevoir vos ordres, apprès vous
avoir mis en main ce que je veus retirer de celle de deux
personnes qui ont mon second et quatriesme livre. J'ay esté
retardé par la maladie de ma femme, qui a esté jugée mor-
tele. Cependant je vous envoye le commencement du troisiesme livre, que je feray tout copier pour vous le faire voir,
mesme avant que je me puisse débarrasser d'icy. Je suis tout
à fait résolu de me donner entièrement à ce travail et de faire
mes derniers efforts pour vous satisfaire. Je vous supplie ne
vous arrestez point à ces petits eschantillons. La pièce vaudra
mieux que tout cela, je vous en asseure. Peut-estre que mon
escrivain me pourra manquer aujourdhuy; si cela est, vous
aurés demain les cahiers du troisiesme livre, qui contient les
cinq années de nos troubles, où a paru le courage, la conduite
et le bonheur de S. E. Vous aurés du plaisir à voir tout ce
livre de suite, puis le cinquiesme, de la paix, qui est si consi-
dérable. Le second et le quatriesme me sera rendu à Fontaynebleau. Vous avés veu beaucoup du premier livre. Les cinq
ensemble seront comme Salluste. Mais si vous me deignés
honnorer des mémoires nécessaires, j'espère faire un ouvrage
qui passera avec quelque honneur à la postérité. Sinon, je
vous donneray tousjours ces cinq livres pour en faire ce qu'il
vous plaira. J'y corrigeray et y adjousteray ce que vous ordonnerés, et vous asseure, Monsieur, que vous n'avés jamais ac-
quis un serviteur qui vous soit plus fidèle que moy, qui toute
ma vie feray gloire d'estre attaché à vous et à tous les vostres,

avec tout respect et dévotion, comme, Monsieur, votre très-humble, etc.

Priolo [1].

IX.

AU MÊME.

A Paris, ce 16 juillet [1661].

Monsieur, je vous envoye ce qui restoit pour voir Paris dessassiégé et la paix de Saint-Germain. Il reste de vous envoyer ce qui s'ensuit, à sçavoir : 1º depuis ceste paix ce qui s'est passé jusques à l'emprisonement des princes; 2º ce qui se passa durant leur prison; 3º leur liberté et la sortie de S. E. hors du royaume; 4º ce qui arriva durant son absence; 5º son retour et ce qui succéda jusques à sa seconde sortie; 6º et finalement, l'an 1653, la pacification entière de nos révolutions civiles et le dernier retour à Paris de monseigneur le cardinal triumphant. Voilà qui terminera ce livre, dont jusques à présent vous avés veu une partie. Je vous envoiray au plustost ces autres six parties qui restent encore et que je viens de vous représenter par ceste lettre.

Par ce seul livre qui ne contient que nos troubles, vous jugerés facilement de mon stile, qui est partout de mesme. Si vous me croyés capable du grand ouvrage, je l'entreprendray de bon ceur. Si vous ne croyés pas que j'aye assés de force pour cela, je mettray tousjours mon ouvrage entier en bon estat et je vous le mettray entre les mains. Si vous me permettés de l'imprimer, j'y consens et suis asseuré qu'il aura

---

1. Folio 459. Je néglige (fº 461) une lettre du 25, qui n'est que la répétition des précédentes, et je n'y prends que ce paragraphe : « Je vous supplie très-humblement de vous deigner souvenir de mon ordonnance de 2,000 livres; car sans vous on m'assignera sur un traicté, c'est-à-dire aux calendes grecques. »

grand cours. Si vous ne le jugés à propos, je vous supplieray
de le garder manuscript pour gage de ma reconnoissance
envers vous, Monsieur, de qui je feray gloire de dépendre toute
ma vie. Je ne puis pas expliquer plus clairement l'intérieur
de mon cœur, qui vous est ouvert sans aucune réserve ny des-
guisement, car en un mot je suis prest de faire tout pour vous
faire voir que je suis, avec respect et fidélité, Monsieur, vostre
très-humble, très-fidel et très-obéissant serviteur. Priolo.

Je ne voy nulle fin à mon ordonnance de deux mille livres.
Je sçay que si j'estois là, dans deux jours cela seroit fait; mais
ma santé ne me le permet pas.

Mon travail tout entier sera comme Quinte-Curce, un peu
plus gros. Mais asseurément il est tout à la gloire de monseigneur le cardinal [1], et toutes les nations le verront comme un
éloge de sa grande conduite. Il y a bien différence de voir des
fragmens ou un corps entier. Au reste, sans grande atten-
tion, il ne plaira point à cause de l'énergie des mots et des
phrases, du poids des sentences et du style coupé.

J'ay envoyé divers cahiers en Hollande pour estre bien exa-
minés. On m'a escript ainsi :

> Ore tuo loqueris, nulli sulcata priorum
> Æquora pervolitans. Priva rate carbasa tendis
> Ingenii optandum cunctis, imitabile nulli.

Monsieur, je vous supplie très-h[umblement] de faire garder tous les cahiers : car il ne me reste que des chiffons. Je
le feray, apprès, descrire très-bien tout corrigé pour vous le
donner [2].

---

1. On voit qu'au bout du compte, Guy Patin n'avait pas tort d'écrire (14 septembre 1660) : « M. B. Prioleau, qui a autrefois été secrétaire de feu M. de
Rohan [ce point a été contesté par Bayle, Remarque C], a fait l'histoire de
France en latin, depuis la mort du feu roi, *in gratiam Mazarini*. Il y aura
bien là-dedans de la flatterie; mais cela est de l'essence du siècle auquel Dieu
nous a réservés. »

2. Folio 163. Je laisse de côté trois lettres, du 28, du 19 et du 27 juillet 1664

X.

AU MÊME.

A Paris, ce 1er aoust [1661].

Monsieur, vous avés veu le commencement et le milieu de
mon histoire. Je vous envoye icy la fin funeste par la mort de
S. E., qui n'est qu'esbauchée et que je n'ay point faict mettre
au net, sachant qu'il y faudra adjouster, diminuer et polir
beaucoup de choses selon vostre jugement, auquel je me soub-
mets. J'ay voulu seulement, dans une heure de temps, jetter
sur ce papier mes premières pensées. Ie vous supplie très-
h[umblement] que ce cahier me soit renvoyé par quelcun des
vostres, car il ne me reste rien du tout de ceste fin. Quand
j'auray retiré mes deux livres qui sont à Fontaynebleau, avec
ce que vous avés desja et ce qui me reste prest à faire descrire, nostre affaire sera bien avancée. Je prendray plaisir à
bien peigner le tout avant y mettre la dernière main, ce qui
sera quand il vous plaira le commander, Monsieur, à vostre, etc.

PRIOLO [1].

(f⁰⁵ 465, 467, 469). Dans la première et dans la dernière, Priolo réclame ins-
tamment le payement du billet de l'épargne ; dans la seconde, il prie Colbert
de protéger quelqu'un dont il parle ainsi : « Ce mien parent, homme sage et
fort sçavant, demeure à La Rochelle, et est considéré par M. Colbert, intendant
de la province. »

1. Folio 471. A la suite de cette lettre on trouve trois billets, des plus insi-
gnifiants, écrits le 3, le 4, le 8 août. Priolo (f⁰ 473) déclare, après avoir rendu
grâces pour ses deux mille francs, que son petit ouvrage sera plus profitable
peut-être à la gloire de Mazarin que de grands volumes. Il témoigne (f⁰ 477)
la joie qu'il éprouve d'avoir enfin touché le contenu du billet de l'épargne,
ajoutant : « J'y ai mis [dans le passage relatif à la mort de Mazarin] des choses
un peu libres soumises à vostre jugement, et lesquelles je corrigeray si vous le
trouvés bon. Mais j'ay remarqué que dans tous les plus grands hommes de

XI.

A Paris, ce 12 aoust 1661.

Monsieur, je vous ay rendu très-h[umblement] grâces de tous vos bienfaits par ma dernière. Avant que vous commenciés le voyage de Bretagne, j'ay creu à propos de vous faire ces lignes pour recevoir vos ordres pour l'impression de mon livre, affin de voir et entendre les jugemens qu'on en fera. On peut faire imprimer quelcun des cinq séparément. Je désirerois que M. Cramoisi [1] fist cela au Louvre, sans qu'il m'en coutast rien, et que les exemplaires fussent à moy. Je suis asseuré du proffit de la vente. Reste à sçavoir si vous aggréés cela, car il ne sera rien fait sans vostre ordre. Je voudrois faire imprimer le 3e, des troubles, ou le 5e, de la paix, pour avant-goust. Je vous supplie là-dessus de m'honorer de vos commandemans, avant vostre départ, comme, Monsieur, vostre, etc. [2].

XII.

A Paris, ce 26 octobre 1661.

Monsieur, je sçay que vos grandes occupations vous empeschent de m'honorer d'un mot de response touchant M. Cra-

---

l'antiquité, on y a mis tousjours quelque chose qui tesmoigne qu'ils sont hommes. » Priolo se souvenait-il, en cette fin de phrase, du mot de Quintilien : *Summi sunt, homines tamen ?*

1. Sébastien Cramoisy, le premier directeur de l'Imprimerie royale établie au Louvre, mourut en janvier 1669, plus qu'octogénaire.

2. Folio 179. Dans un billet non daté (f° 180), Priolo dit à Colbert : « Je vous ay envoyé la fin de S. Em. pour attendre de vous ce qu'il faut oster ou adjouster. Voicy depuis ce que j'en ay escript pour y mettre à la fin : *Mitem ingenio facile crederes*, etc.

moisi, qui demande cinq cens francs pour chacun de mes
livres. J'estois d'avis, suivant vostre approbation, de faire imprimer le 5e, où personne n'est offensé, et par là on auroit
entendu les jugemens des hommes. Je vous supplie très-
h[umblement] de me deigner croire sur l'asseurance que je
vous donne que tout ira bien, et ne se faut point arrester à
ce qu'on vous peut avoir mandé que je suis trop bref. Je ne
le suis point que là où il le faut estre. Il semble à ces messieurs que si on passe quelque particularité dont ils ont con-
noissance, que tout est perdu. J'imite les anciens en tout et
par tout et garde les règles de l'histoire. J'escris pour les nations estrangères et plus pour la postérité que pour ceux qui
aujourdhuy vivent à Paris. J'ay fait voir mon ouvrage à toutes
sortes de gens capables d'en juger. Tous restent d'accord que
tout ce qui est de plus remarcable y est bien descript, mais
je n'ay pas jugé à propos d'insérer mille bagatelles indignes
de la gravité de l'histoire. Je n'escris pas un journal ny des
mémoires. J'advoue que ceux qui les escrivent obligent le
genre humain. Mais ce n'est pas mon titre que Journal ny
Mémoires. C'est une histoire qui a ses règles, lesquelles j'es-
time avoir religieusement observées. Au reste, je ne me lasse
point de vous rendre mes très-h[umbles] remerciemens pour le
bien que vous me faictes, que je tascheray de mériter en vous
estant et obéissant et fidèle, etc. [1].

---

1. Folio 483. Le 8 décembre, Priolo (f° 485) écrivait à Colbert : « Je vous
envoye ceste seule feuille pour vous faire voir le caractère et la forme que le
livre aura. On en tirera deux mille, et M. Cramoisi les taxe à sept francs pièce.
Mais il n'a point de bon correcteur, et à moins que je sois là présent, tout ira
très-mal. — P. S. Cette feuille n'est qu'une espreuve maculée, comme vous
voyés. »

XIII.

A Paris, ce dernier avril 1662.

Monsieur, dans la foulle qui vous oppresse, je suis si petit que je ne puis estre veu. C'est pourquoy je vous dresse icy un petit estat de mon fort petit estat, que je vous supplie deigner lire à vostre loisir.

Vous avés donné au delà de ce qu'il faut pour l'impression des cinq livres de mon histoire [1]. Je vous confesse que j'en ay soustraict une partie pour mes usages domestiques. Je ne prétends pas de faire une vache à laict [2] d'un ouvrage si noble, mais encor faut-il que vostre bonté supporte, s'il luy plaist, mes nécessités domestiques auxquelles je ne vous supplie pas de subvenir, ayant faict au delà de ce qui se pouvoit attendre, mais bien de trouver bon que je reçoive ce que je pourray de la libéralité qu'on me voudra faire pour l'amour de ce pauvre travail dont vous estes le promoteur.

M. de Brienne m'a dict hier que monseigneur le duc Ma-

---

1. Ainsi se trouve formellement réfutée cette assertion des *Mémoires* du comte de Brienne (t. II, p. 6) : « Priolo [qui auroit été gagné par un brevet de pension de deux mille francs] se mit au travail, et composa l'histoire latine que je fis imprimer à mes frais chez Cramoisy, en 1662, pour faire voir à Son Éminence —[laquelle, notez bien ce point-là, était morte depuis le 9 mars 1661] — ce que Priolo pouvait faire, et le convaincre que c'était de bonne foi qu'il chantait la palinodie. » D'après le rédacteur desdits mémoires, qui ne prévoyait pas tous les démentis que lui infligerait la correspondance de Priolo, « M. Colbert engagea l'auteur à publier la suite de son histoire, et Priolo m'a confié qu'il avoit reçu de lui dix mille écus pour les frais de l'impression, et la continuation de sa pension, sa vie durant. Certes, son travail ne fut pas mal payé, comme on voit. »

2. On sait quel plaisant usage Molière a fait de cette expression dans le *Malade imaginaire* et dans le *Bourgeois gentilhomme*. A-t-on des exemples de l'emploi de la familière métaphore plus anciens que celui-ci ?

zarin [1] luy avoit tesmoigné d'estre tout résolu de me faire
quelque régal que je ne mérite pas. M. Bellizani m'a confirmé
la mesme chose, et je n'en doute point. Le tout aboutist à
vous supplier très-humblement, Monsieur, que vous deigniés
dire une bonne parole pour faire avancer ceste gratification,
quelle qu'elle puisse estre. Ma famille est nombreuse. Les bouchers et les boulangers ont certaines inquiétudes qui les sai-
sissent et qui ne me sont pas commodes pour bien remplir
les fenestres de l'histoire qu'on continue à imprimer, et que
je vous donne parole qu'elle sera achevée d'imprimer en bref
et sortira en lumière dans le dernier esclat. Mais pour l'amour
de Dieu, ne me laissés pas, Monsieur, disputer avec les boulangers et bouchers. Il n'est question que de graisser la pou-
lie [2] pour monseigneur le duc Mazzarin, qui veut acoucher [3];
mais il le faut ayder, affin que ce qui seroit grand demain soit
aujourdhuy grandissime, car je vous confesse que j'en ay besoin et que c'est une ingénue confession que je vous fay de
mes nécessités, comme estant avec tant de fidélité et de respect, Monsieur, vostre, etc. [4].

---

1. Armand-Charles de La Porte, d'abord marquis, puis duc de La Meilleraye,
devint duc de Mazarin à la mort du cardinal, dont il était le neveu par alliance
et dont il fut l'héritier. Rappelons que Mazarin, dans son testament, avait
laissé à Priolo une pension de quinze cents livres affectée sur le legs universel
du mari d'Hortense Mancini.

2. Cette expression proverbiale n'est citée ni dans le *Dictionnaire de Trévoux* ni dans le *Dictionnaire* de M. Littré.

3. En rapprochant ce mot piquant de tant d'autres vives et heureuses expres-
sions répandues dans ces lettres, on est tenté de donner raison à cette phrase
de Bayle (Remarque F) : « Je suis sûr que s'il [l'ouvrage de Priolo] eût été
composé en français avec tout le feu et avec toute la force qui paraît dans le
latin, il eût été imprimé plus de dix fois. »

4. Folio 187.

XIV.

A Paris, ce 25 juin [1662].

Monsieur, vous sçavés bien que quand j'ay mis au jour le premier livre de mon histoire [1], je n'ay eu en veue que la gloire de feu monseigneur le cardinal et la satisfaction de vous plaire. Cependant, Monsieur, je me trouve icy attaqué de tous costés, et ce qui m'a surpris davantage, ce qui est le seul subject de ceste lettre, c'est qu'hier au soir, à la porte de Richelieu, en plene rue, M. de Coutance Aubry [2] me prit à partie sur ce que j'ay parlé trop hardiment, à ce qu'il dist, du clergé de France. Je luy respondis que je croiois que le nom de son maistre, son bienfacteur [3], qui est à la teste de mon livre, estoit assés puissant pour luy faire aggréer ce qui n'est consacré qu'à sa gloire. Vous serés surpris, Monsieur, de l'extraordinaire réplique qu'il me fit. « Vous en avés bien parlé, dit-il, parce qu'il vous donne pension. » S'il eust eu l'âme mieux placée, je l'eusse faict rougir de ma response, et je sentis bien en ce moment la vénération que j'ay pour la mémoire de monseigneur. C'est à vous à juger de l'excès de l'offense que ne prends nullement pour moy qu'autant que je me suis consacré à vostre très-humble service, et que nulles considérations ne me peuvent faire changer de résolution.

---

1. V. Bayle, article déjà cité, remarque F.

2. Claude Auvry fut évêque de Coutances, de juillet 1646 à septembre 1658, époque où il céda son évêché à Eustache Leclerc de Lesseville, en échange de l'abbaye de Saint-Crispin. Claude Auvry, que l'on continuait à désigner sous le titre de l'évêque de Coutances, mourut en juillet 1687. Voir le *Gallia christiana*, t. XI, col. 906-907.

3. Les auteurs du *Gallia* rappellent que Claude Auvry avait contracté, avant son épiscopat, une étroite amitié à Rome avec Mazarin et qu'il lui resta toujours très-attaché, *partibus cardinalis Mazarini addictissimum.*

Je ne debvrois point icy mesler mes intérests avec ceux de la cause publique, mais me trouvant pendant vostre absence esloigné [1] de tout secours, je vous supplie de songer à me faire sortir de l'acquit patent; cela me donnera le moyen d'attendre vostre retour de Saint-Germain, et me donnera aussi plus de ceur à revoir mon histoire, qui sera lors preste pour en faire ce qu'il vous plaira. Si j'ose donner mon foible jugement en ceste rencontre, je vous diray qu'apprès l'esclat du premier livre, il n'y a plus rien à appréhender, et si quelque chose est capable de faire taire l'envie, ce sera lorsque toutes les grandes actions de S. E. paroistront pour me défendre.

Je suis avec tout respect et obligation, Monsieur, vostre, etc. [2].

XV.

A Paris, ce 3 juillet [1662].

Monsieur, la lettre que vous m'avés faict l'honneur de m'escrire du premier de ce mois m'a apporté tant de consolation, que je n'ay point de parole pour vous l'exprimer. Je vous supplie très-h[umblement] de croire, Monsieur, que je ne feray jamais que ce qu'il vous plaira me commander. Je demeureray donq, poliray mon ouvrage, et le feray voir à des gens capables pour apprès en faire ce qu'il vous plaira d'ordonner sans passer vos ordres d'un seul point.

Je n'aurois jamais creu que l'envie de ces sçavans de Paris passast à tel point contre moy, qui ne voy ni ne hante personne et vi comme un Chartreux.

---

1. L'acquit-patent était un ordre ou mandement du roi pour faire payer comptant par ses trésoriers une certaine somme. *Dictionnaire de Trévoux*.

2. Folio 189.

Je place le mieux que je peu mes pauvres enfans, affin qu'estant seul je puisse ne *faire* aucune dépense, car je treuveray bien de la sorte qui me défrayera de tout point. Je ne suis en pene que de ma fille [1], qui a eu l'honneur de vous faire la révérence et qui n'est pas mal dans l'esprit de madame vostre femme [2]. Avant en disposer, je luy offre de bon cœur pour estre auprès de mademoiselle vostre fille [3]. Peut-estre que cela ne seroit pas mal; sinon je supplieray de la pourvoir d'autre manière, affin que n'ayant point de mesnage, je sois libre et en estat de ne despenser rien et ainsi de n'estre point à charge à personne, mais vivre sous l'honneur de voz commandemans comme, Monsieur, vostre, etc.

Attendant l'effect de l'acquit patent, M. Belizani me prestera quelque chose, comme j'espère.

M. de Brienne a trop de bonté pour moy. Je le prie de ne vous importuner plus et vous supplie, Monsieur, de n'adjouster foy qu'à la présente, qui contient que ma dernière résolution est de vous obéir et n'avoir autre volonté que la vostre [4].

---

1. Bayle écrivait en avril 1701 (Remarque H) : « Des cinq filles il y en a trois de religieuses, les deux autres tiennent le premier rang près de deux ducbesses des plus considérables de la cour. L'aînée des religieuses [est-ce là celle dont parle ici Priolo?] a été prieure au monastère royal de Chaillot, et fut nommée par le roi, l'an 1692, pour aller établir la règle qui se voit aujourd'hui parmi les dames de la maison royale de Saint-Cyr, proche de Versailles. Elle en est la fondatrice spirituelle. » Elle se nommait Françoise-Angélique, et après avoir été religieuse de Sainte-Marie de la Visitation de Chaillot, elle fut la 3e supérieure de la maison de Saint-Louis (Saint-Cyr), le 1er décembre 1692.

2. Le 14 décembre 1648, Colbert avait épousé Marie Charron, fille d'un de ses collègues aux conseils du roi.

3. On sait que Colbert, qui n'eut pas moins d'enfants que Priolo, fut père de deux filles, Jeanne-Marie-Thérèse, qui fut mariée avec Charles-Honoré d'Albert, duc de Chevreuse, et Jeanne-Marie, qui fut mariée avec Paul de Beauvillier, duc de Saint-Aignan, plus connu sous le nom de duc de Beauvillier.

4. Folio 191.

XVI.

A Paris, ce lundi [10 juillet 1662.]

Monsieur, veu les éloges qui sont donnés de toutes les parts
de la chrestienté à ce pauvre petit livre, j'ay subject de me
moquer des pédans de Paris, la malignité desquels ne ternira
point ma gloire. M. de Gaumond, le plus sinsère de tous les
hommes [1], se laisse emporter par le torrent à cause du parlement qui me menasse et parce que je dis que jamais advocat
ne valut rien, ce qui a esté dict par Salluste [2]. Tout cela ne
m'estonne point et je feray ce que j'ay pris la liberté de vous
mander. Mais je vous supplic très-h[umblement] de ne m'a-
bandoner pas. J'ay besoin de quelque argent. L'acquit patent
est bien appuyé par vostre bonté. Je vous supplie que j'en
ressente quelque effect qui me fasse connoistre que vous me
tenés encore pour, Monsieur, vostre, etc. [3].

XVII.

Monsieur, je ne me soucie point de toutes les calumnies
ny de toute la malignité qui s'excite contre moy. Je ne cherche
la protection que de moy-mesme. La rage est si grande qu'on

---

1. C'est celui que Guy Patin (lettre du 24 novembre 1659) appelait le
« célèbre avocat qui a soin des affaires particulières de Mazarin. »
2. Je ne retrouve pas dans les œuvres de Salluste cette épigramme contre
l'ancien barreau. Priolo, du reste, paraît avoir eu de bien grandes préventions
contre messieurs les avocats : car une ses maximes favorites, selon J. Rhodius
(p. 6), était celle-ci : « Les trois choses que possède l'homme : l'âme, le corps,
les biens, sont exposées à trois sortes d'embuscades ; l'âme à celles des théolo-
giens, le corps à celles des médecins, et les biens à celles des avocats et des
procureurs. »
3. Folio 193.

n'oubliera rien pour vous faire comprendre que mon ouvrage n'est pas bon. Un peu de patience vous fera voir ce qui en est. J'ay quelque appréhension qu'on vous ayt donné mauvaise impression. Cela me donne de la pene, parce que je désire l'honneur de vos bonnes grâces, non point pour aucun avantage, mais par ma pure reconnoissance. Si vous avés la bonté de me faire sortir de mon acquit patent, vous obligés une pauvre famille plus que vous ne le pouvés croire. Vostre très-humble, etc.

A Paris, ce 20 juin 1662 [1].

XVIII.

[Février 1664.]

Monseigneur, il dépend de vostre seule justice de mettre mes enfans hors de misère. Ils sont héritiers de M. le capitaine Micheli, à qui il est deu trente mille livres, comme M. Friès sçait fort bien; moy, comme leur tuteur naturel, je payeray les debtes de défunct mon beau-frère, oncle de mes enfans, et ce qui pourra rester est à nous. M. Friès veut luy payer les debtes et cerche les créanciers qui ne luy demandent rien, et pour me payer à moy il veut une attestation de Genève qui l'asseure que j'ay esté mari de la seur du capitaine Micheli. A quoy, Monseigneur, luy sert ce délay, car ce n'est qu'un délay pour ne me payer pas. Tous les capitaines suisses ne sont-ils pas tesmoins que je suis l'héritier. Néantmoins j'ay mandé qu'on m'envoye ladicte attestation, à quoy on ne manquera. Cependant, Monseigneur, je vous supplie d'ordonner ordres qu'il ne se payé personne sans mon aveu, et que je puisse tirer de ceste succession au moins les six mille livres que j'ay prestées, il y a vingt ans, à Genève, du mariage de ma femme,

---

1. Folio 195.

pour lever ceste compagnie qui a esté faicte à mes despens.
Si vous avés la bonté, Monseigneur, d'avoir pitié de ceste
pauvre famille en ordonnant qu'on nous fasse justice, il nous
en reviendra plus de dix mille livres qui nous appartiennent
de droict.

Au nom de Dieu, Monseigneur, faictes-nous faire raison,
et c'est la dernière importunité que je vous donneray de ma
vie. Ce sera pour cloistrer ceste pauvre fille qui est le seul
empeschement que j'ay. Car apprès cela je trouveray qui me
prendra et ne seray plus à charge.

J'attends pour l'impression de mon livre vostre seule volonté. Si c'est icy, il est nécessaire que vous le deigniés commander à Cramoisi. Si c'est pour Hollande, il faut nécessaire-
ment que j'y aille.

Ie suis, avec la reconnoissance, la fidélité et le respect que
je doibs, Monseigneur, vostre, etc.

Quod petimus pœnà est, neque enim miser esse recuso
Hoc tantum, ut possim laxius esse miser.

Je veus perdre mais peu s'il se peut avec M. Friès.

Monseigneur, il ne s'agist point ici de faire quelque
affaire pour moy, vostre très-dévot serviteur. Il s'agist de
faire rendre à mes enfans ce qui leur appartient : ils vous
demandent à genous justice, et si j'ay receu tant de grâces
de vostre seule bonté sans les avoir méritées, j'espère que
vous ne dénierés pas ce que vous rendés à tout le monde,
c'est-à-dire mon bien. Il dépend de vous seul : car M. Friès
fera ce que vous luy commanderés. Au moins, attendant le
certificat de Genève, qui n'est nullement nécessaire, qu'il nous
avance quelque chose dont nous avons tant de besoin. Je dis
encore : *Quod petimus pœna est,* parce que je voy bien qu'il
faut que je perde [1].

---

1. Folio 497. Sans date, mais la date est notée au dos.

XIX.

Monseigneur, vous n'avés loisir de m'entendre. C'est pourquoy je prends la hardiesse de vous supplier très-humblement par ce petit billet que vous deigniés considérer qu'entre
tous les créanciers du capitaine Micheli, mon beau-frère, je
suis le premier privilégié comme ayant fourni, il y a vingt ans,
pour la levée de sa compagnie, la somme de six mille livres,
comme il se void par ses promesses, dont messieurs Friès et
Moulié sont très-bien informés. Je vous supplie de me donner
un arrest de préférence pour toucher mon argent tout le premier comme estant le premier créancier, et c'est une chose
dans l'équité et dans la justice, et qui dépend de vostre seule
bonté, qui jusques à présent ne m'a jamais manqué. Je suis,
avec la reconnoissance et fidélité que je doibs, Monseigneur,
vostre très-humble, très-obligé et très-obéissant serviteur.

A Paris, ce x febvrier 1654[1].

[PRIOLO.]

---

1. Folio 199.

IMPRIMERIE PAUL BOUSEREZ, RUE DE LUCÉ, 5, TOURS.